J'apprends facilement avec Montessori

GS CP

Lecture Écriture

Marie Constans
Professeure des écoles
Éducatrice Montessori

Judith Dubrana
Professeure des écoles

Illustrations
Isabelle Nicolle
Virginie Chiodo

W0277246

bordas Montessori

La pédagogie Montessori

Maria Montessori, médecin et pédagogue de renommée internationale, a fait de nombreuses recherches qui sont aujourd'hui soutenues par les neurosciences.

Elle observe notamment que l'enfant compose et écrit des mots **avant** de pouvoir les lire. En effet, pour écrire, l'enfant décompose un mot en sons, sons qu'il associe à des tracés de lettres. Alors que pour lire, il doit traduire des lettres en sons puis associer ces sons entre eux pour comprendre le mot, tâche plus complexe.

C'est pourquoi il est essentiel de **donner à l'enfant le son des lettres** plutôt que leur nom. Cela facilite l'encodage et le décodage des mots.

Pour favoriser la mémorisation des sons des lettres, l'apprentissage varie les approches sensorielles en associant son, vue et toucher de la lettre. Cette mémorisation permet le décodage, mais pour entrer véritablement dans la lecture, il faut y associer du sens. Relier un mot lu et une image permet de travailler la compréhension et de créer un stock d'images mentales. De même, demander de mimer ou d'agir par rapport à un mot ou une phrase lue est un moyen ludique et concret de vérifier la compréhension.

Enfin, pour soutenir **le geste d'écriture de l'enfant**, Maria Montessori propose de nombreux exercices de la vie quotidienne visant à muscler et renforcer le contrôle de la main. Vous en trouverez quelques exemples dans ce cahier. Ces activités permettront également de développer la concentration, le découpage d'une tâche en étapes successives et la mémoire, compétences nécessaires à tout apprentissage.

Ce cahier propose donc une approche de la démarche montessorienne en langage qui combine des activités sensorielles (vue, ouïe, toucher), des activités de vie pratique (renforcement de la dextérité de la main et de la concentration), et une entrée dans la lecture et l'écriture.

Ainsi l'enfant est actif, il donne du sens à ses apprentissages et mobilise son intérêt et sa motivation, essentiels à sa réussite.

Bonne découverte...

Judith et Marie

Sommaire

PHONOLOGIE J'entends les sons « a », « m » et « i » au début des mots 4
MOTRICITÉ Je presse une éponge 6
ÉCRITURE Je trace les sons « a », « m » et « i » 7
PHONOLOGIE J'entends les sons « s », « p » et « u » au début des mots 8
PHONOLOGIE J'entends les sons « r », « o », et « é » au début des mots 9
MOTRICITÉ Je mime une comptine (1) 10
ÉCRITURE Je trace les sons « s », « p » et « u » 11
MOTRICITÉ Je lave une table 12
ÉCRITURE Je trace les sons « r », « o », et « é » 13
PHONOLOGIE J'entends les sons « k », « l » et « ch » à la fin des mots 14
PHONOLOGIE J'entends les sons « ou », « t » et « f » à la fin des mots 15
MOTRICITÉ Je mime une comptine (2) 16
ÉCRITURE Je trace les sons « ou », « t », « f » 17
MOTRICITÉ Je nettoie un miroir 18
ÉCRITURE Je trace les sons « c », « l », « ch » 19
PHONOLOGIE J'entends les sons « b », « j », et « n » au début des mots 20
PHONOLOGIE J'entends les sons « n », « an » et « g » à la fin des mots 21
MOTRICITÉ Je tiens correctement mon crayon 22
ÉCRITURE Je trace des yeux 23
PHONOLOGIE J'entends les sons « u », « ai » et « on » à l'intérieur des mots 24
PHONOLOGIE J'entends les sons « d », « in », « e » et « z » à l'intérieur des mots 25
MOTRICITÉ La gym des doigts 26
ÉCRITURE Je trace les sons « b », « j », « n » et « u » 27
ÉCRITURE Je compose des mots (1) 28
MOTRICITÉ Je colorie 30
ÉCRITURE Je trace les sons « ai », « on », « z », « eu », « in » et « d » 31
ÉCRITURE Je compose des mots (2) 32
ÉCRITURE J'observe la taille des lettres 34
LECTURE Je lis des mots 36
ÉCRITURE J'écris des mots 38
LECTURE Je joue avec les mots 40
LECTURE Je lis et je mime 42
LECTURE Je lis et je comprends 43
LECTURE Je lis des devinettes 44
ÉCRITURE J'écris des devinettes 45
LECTURE Je lis et j'agis 46

J'entends les sons « a », « m » et « i » au début des mots

- Entoure en **rouge** les images qui commencent par le son **aaa**.
- Entoure en **vert** les images qui commencent par le son **mmm**.
- Entoure en **bleu** les images qui commencent par le son **iii**.

Coin des parents

L'entrée dans la lecture est facilitée si votre enfant maîtrise le son des lettres avant de connaître leur nom.

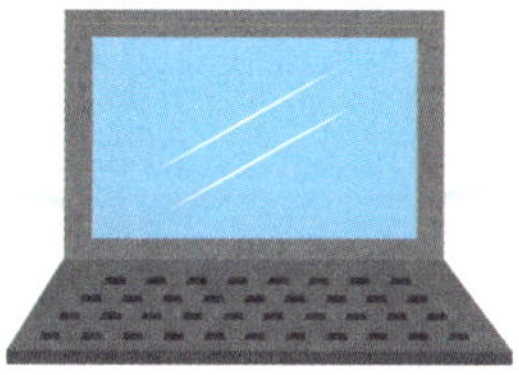

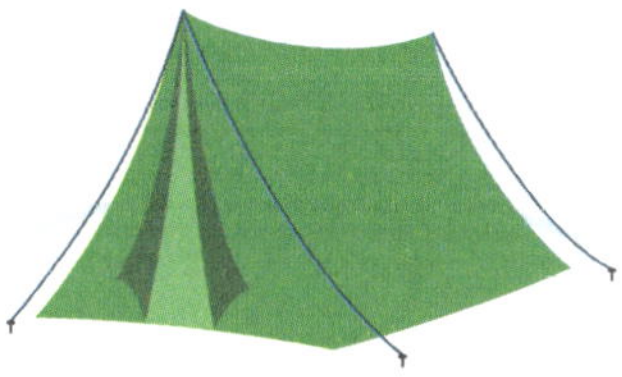

Coin des parents

Donnez à votre enfant le nom des images en accentuant le son de départ, par exemple **« aaaabeille »**.

Je presse une éponge

Ton matériel

une éponge 

un bol vide 

un bol d'eau 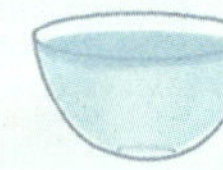

une serviette 

1. Plonge l'éponge dans le bol, retire-la et attends que les gouttes ne tombent plus.

2. Transporte l'éponge au-dessus de l'autre bol et presse-la.

3. Continue ainsi jusqu'à vider ton premier bol.

4. Recommence l'exercice avec ton autre main.

Coin des parents

En utilisant sa main dans les gestes de la vie quotidienne, votre enfant renforce sa dextérité et se prépare à l'écriture.

Je trace les sons « a », « m » et « i »

Avec ton index et ton majeur, suis le chemin de la lettre et prononce le son qu'elle fait.

Coin des parents

Faites répéter ces tracés à votre enfant afin qu'il les mémorise et associe la forme, le geste et le son de la lettre.

J'entends les sons « s », « p » et « v » au début des mots

- Colorie en **jaune** les mots qui commencent par le son **sss**.
- Colorie en **rose** les mots qui commencent par le son **ppp**.
- Colorie en **orange** les mots qui commencent par le son **vvv**.

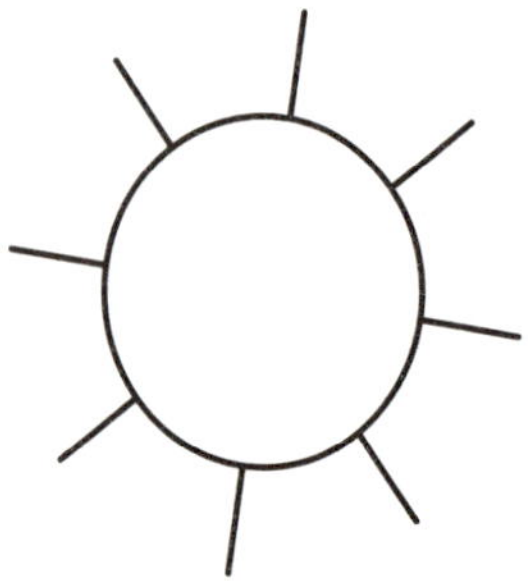

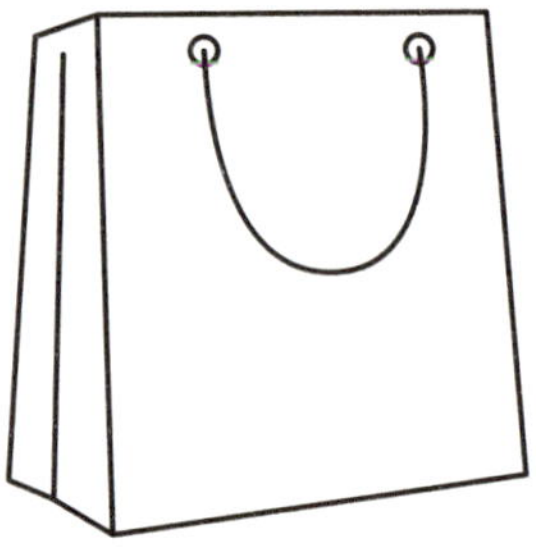

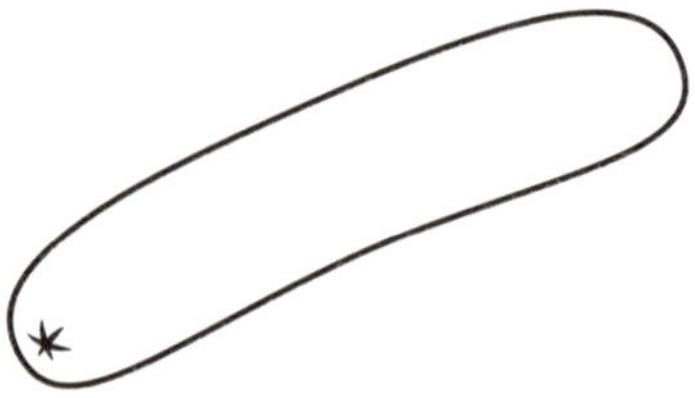
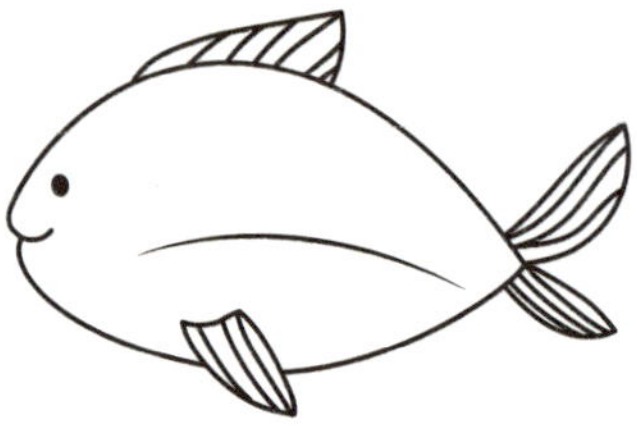

Coin des parents

Avoir une lettre avec un son bref comme « p », parmi des lettres avec un son qui se prolonge comme « sss » et « vvv », permet à l'enfant de les différencier facilement.

J'entends les sons « r », « o » et « é » au début des mots

- Colorie en **vert** les mots qui commencent par le son **rrr**.
- Colorie en **rouge** les mots qui commencent par le son **ooo**.
- Colorie en **bleu** les mots qui commencent par le son **ééé**.

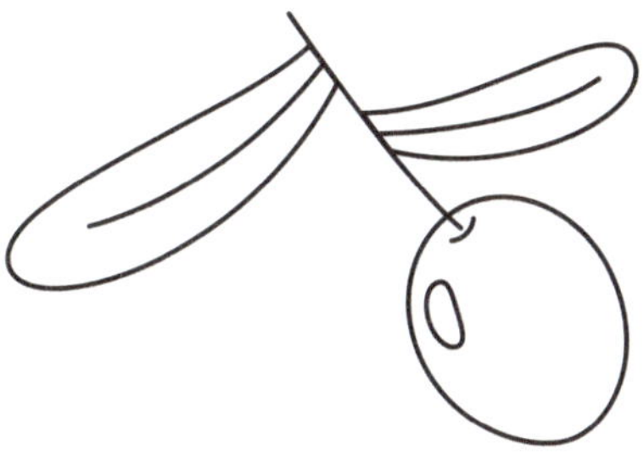

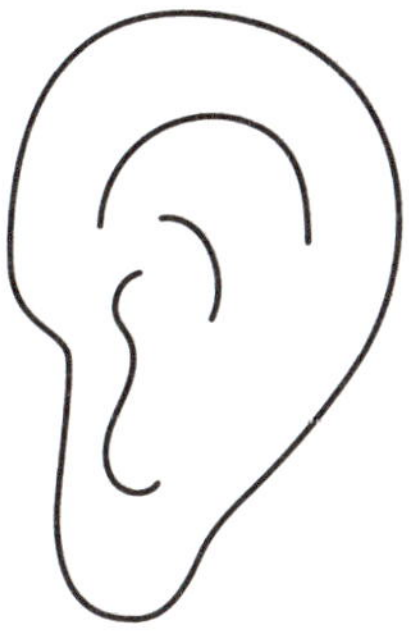
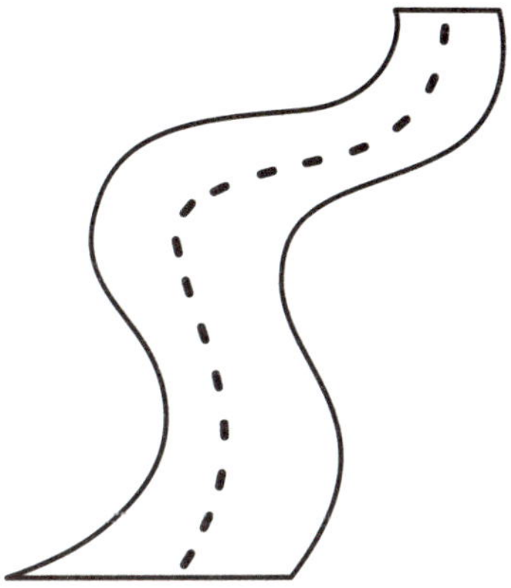

Coin des parents

Aidez votre enfant en accentuant le son de départ et en lui donnant des indices sur le mot à trouver, ou complexifiez l'activité sans aucune accentuation.

Je mime une comptine (1)

- Écoute et mime la comptine.

Drin drin ! Drin drin !

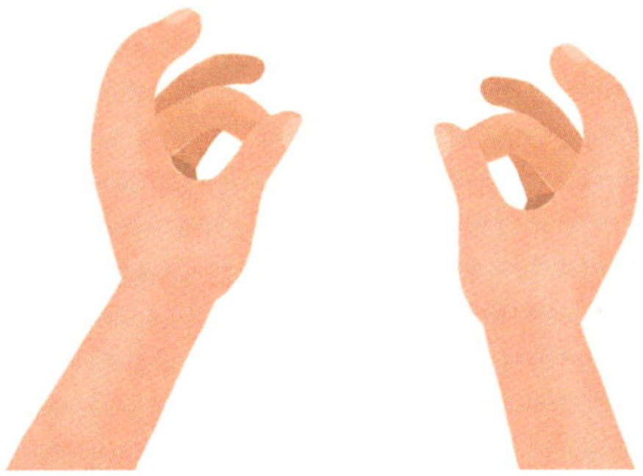

Madame la fouine va chez le mulot avec son vélo.

Drin drin ! Drin drin !

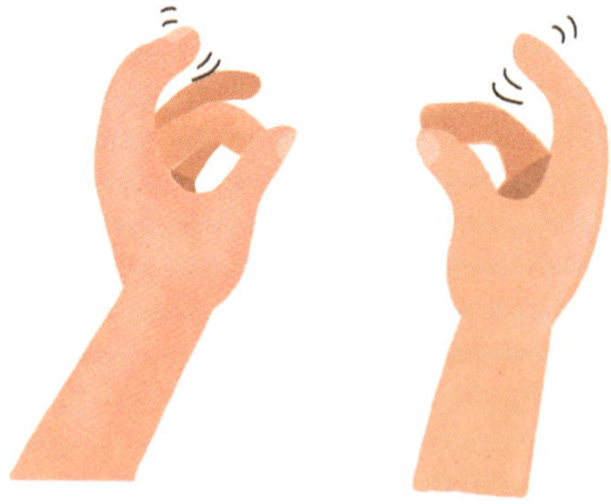

Laissez-la passer, sinon elle va vous écraser !

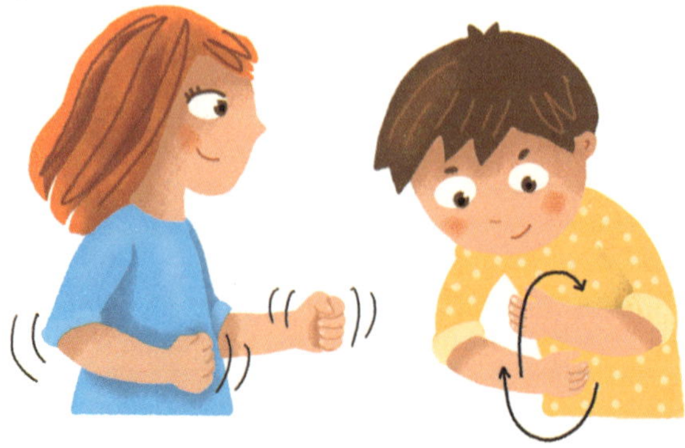

Coin des parents

Ces comptines vont aider votre enfant à bien placer ses doigts en vue de tenir correctement son crayon.

MOTRICITÉ

Je trace les sons « s », « p » et « v »

● Avec ton index et ton majeur, suis le chemin de la lettre et prononce le son qu'elle fait.

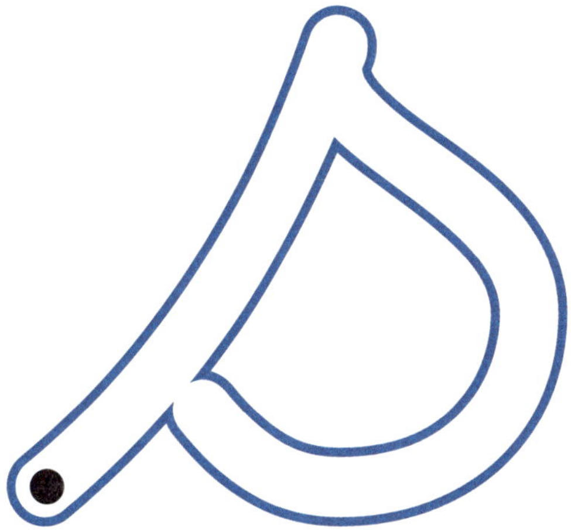

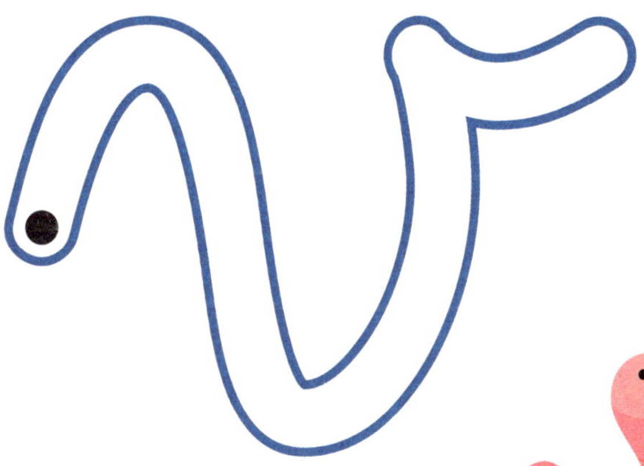

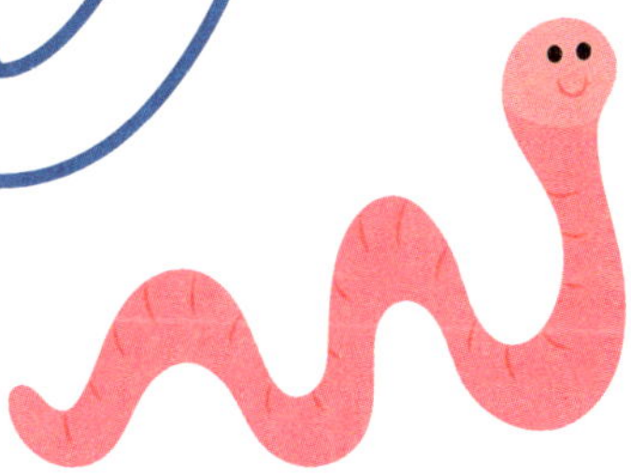

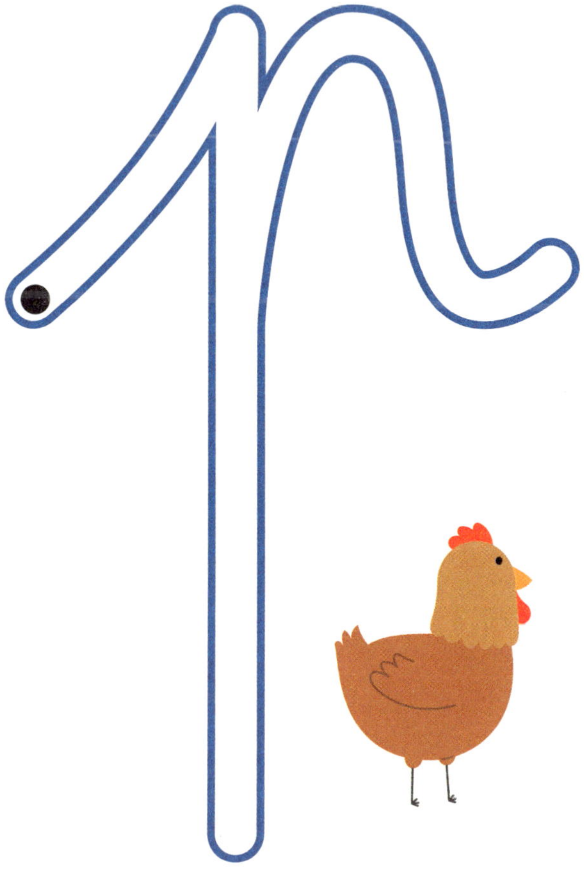

Coin des parents

Ces exercices sensoriels préparent votre enfant à tracer les lettres dans le bon sens.

Je lave une table

Ton matériel

une bassine d'eau 

du savon de Marseille 

une éponge 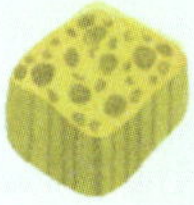

une brosse 

un torchon 

1. Trempe la brosse dans l'eau, égoutte-la, frotte-la sur le savon, puis trace des boucles sur toute la table.

2. Trempe l'éponge, presse-la et nettoie la table de gauche à droite. Rince l'éponge autant de fois que nécessaire.

3. Essuie la table avec un torchon.

Coin des parents

En plus de muscler sa main, votre enfant se concentre et mémorise différentes étapes pour accomplir une tâche. Concentration et mémorisation sont des compétences essentielles pour les apprentissages futurs.

Je trace les sons « r », « o » et « é »

● Avec ton index et ton majeur, suis le chemin de la lettre et prononce le son qu'elle fait.

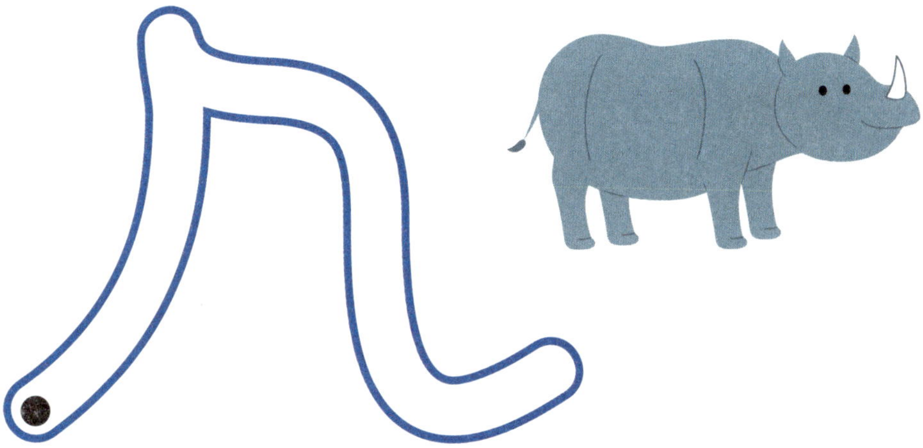

Coin des parents

Proposez à votre enfant de suivre le tracé des lettres avec la main droite, la main gauche, puis les yeux fermés.

J'entends les sons « k », « l » et « ch » à la fin des mots

● Complète les dominos avec tes **autocollants** lorsque tu entends le même son final.

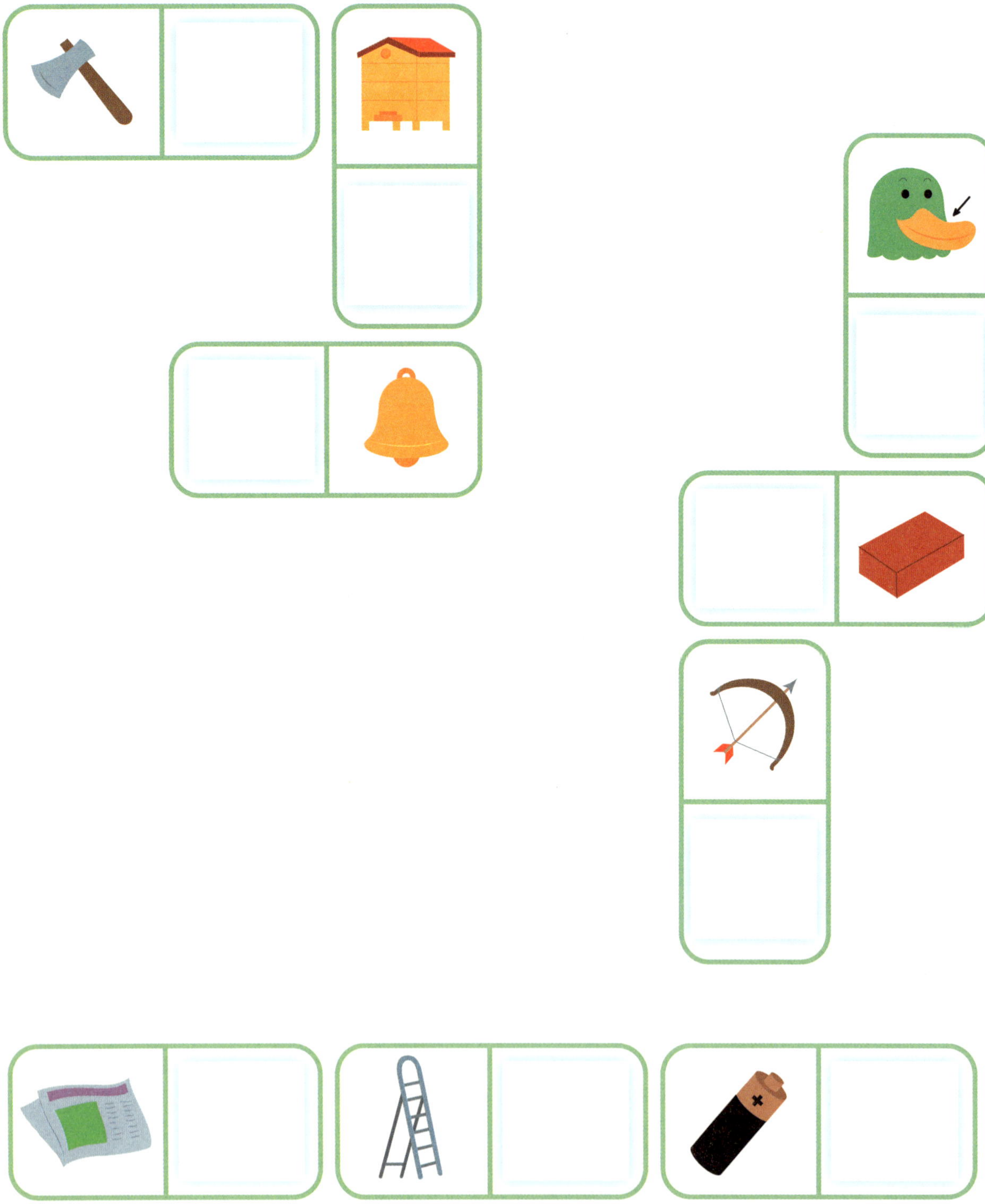

Coin des parents
Vous pouvez exagérer le dernier son à l'oral sans marquer le « e » final : « nichchch ».

J'entends les sons « ou », « t » et « f » à la fin des mots

● Complète les dominos avec tes **autocollants** lorsque tu entends le même son final.

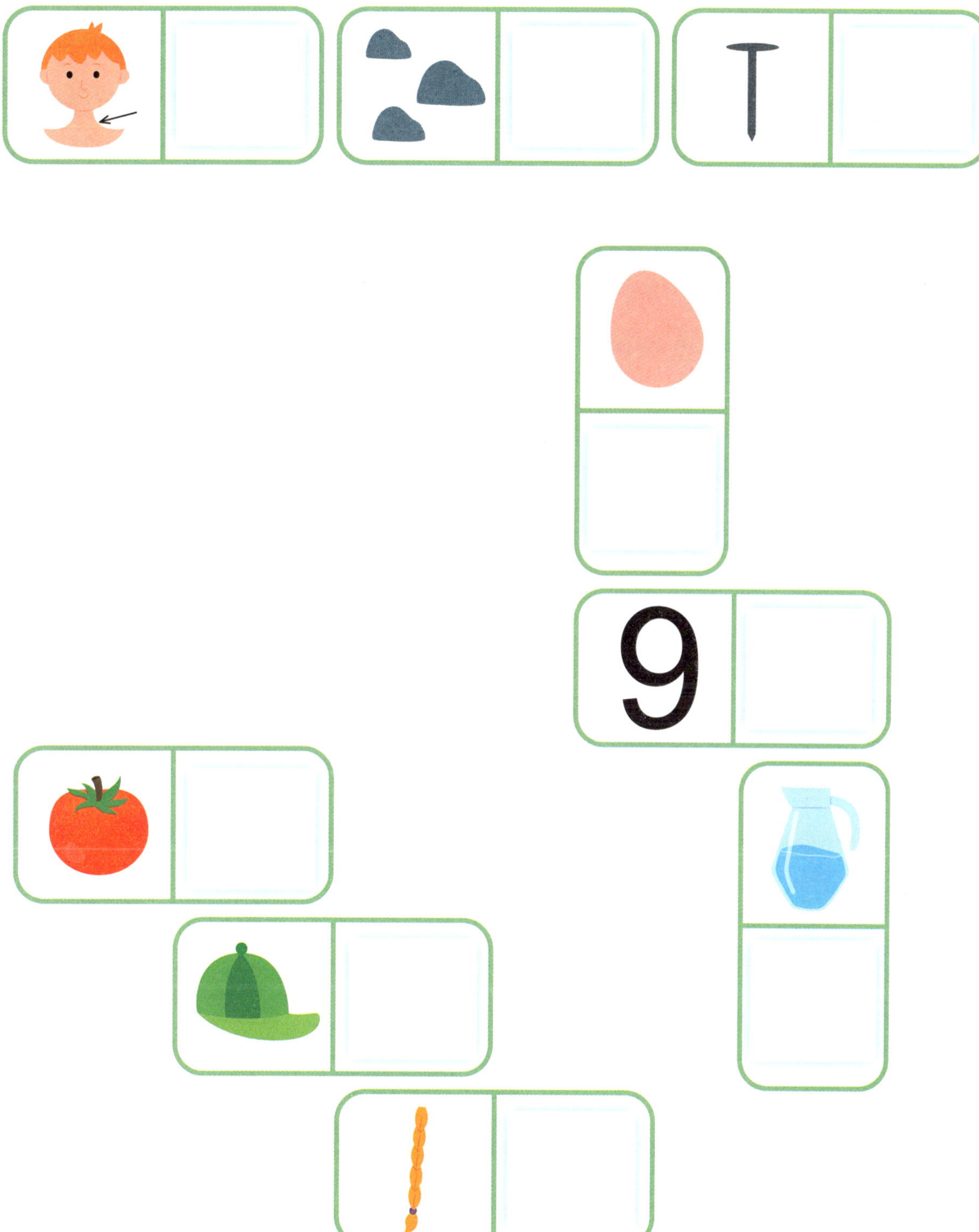

Coin des parents

Plus tard, vous pourrez demander à votre enfant de montrer une image qui finit par un son donné en travaillant sur toute la double page.

Je mime une comptine (2)

- Écoute et mime la comptine.

Dring, dring, dring

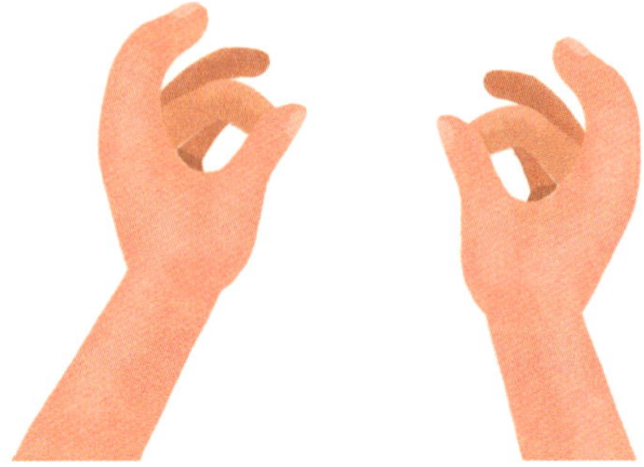

La sonnette ne marche pas !

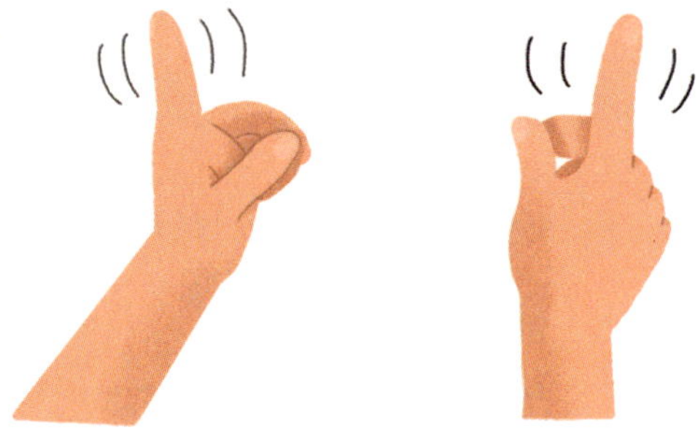

Toc, toc, toc

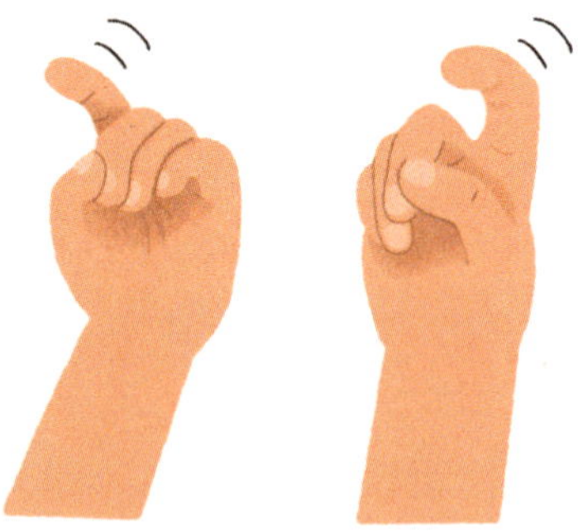

Qui est là ?
C'est moi !

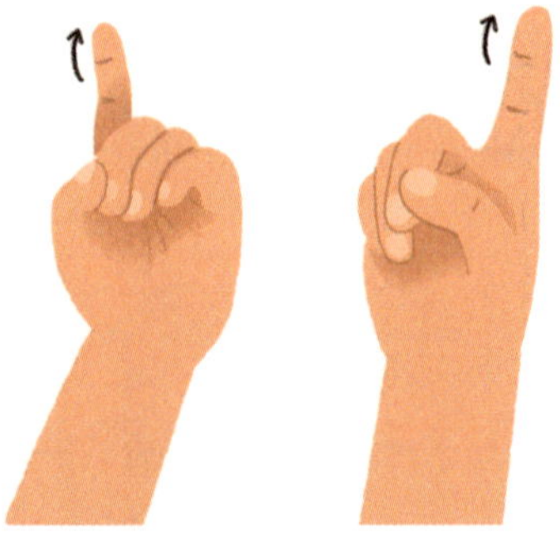

Coin des parents
Vous pouvez aider votre enfant en dessinant un point sur la phalange de son majeur pour matérialiser la sonnette.

Je trace les sons « ou », « t » et « f »

- Avec ton index et ton majeur, suis le chemin des lettres et prononce le son qu'elles font.
- Ensuite, trace-les avec tes doigts, sur la table, dans l'air ou dans de la semoule.

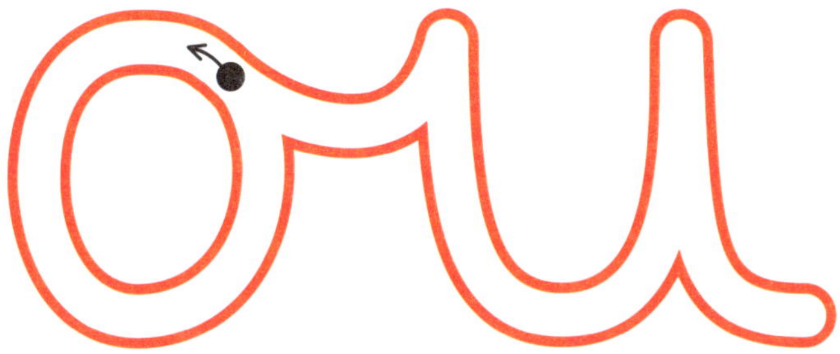

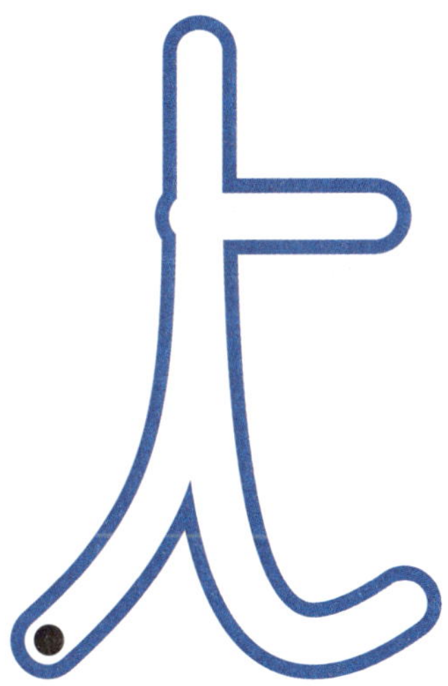

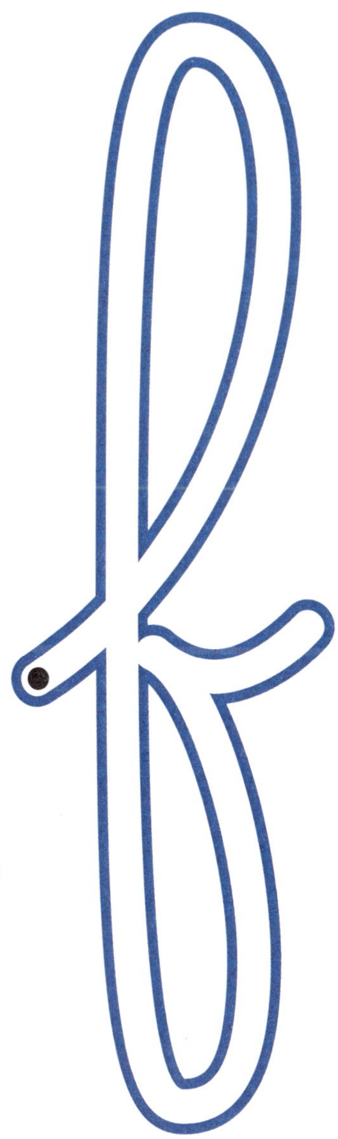

Coin des parents

Le geste doit être fluide et lié. Votre enfant trace le « o » et le « u » sans s'arrêter, ni lever la main. Il trace la montée et la descente du « t », puis lève la main pour la petite barre.

Je nettoie un miroir

Ton matériel

un petit miroir 

une coupelle de blanc de Meudon 

un coton-tige 

un chiffon 

un sablier de 3 minutes 

1. Trempe le coton-tige dans la coupelle de blanc de Meudon, dessine des boucles de gauche à droite sur ton miroir.

2. Retourne le sablier, attends que cela sèche.

3. Essuie le miroir avec ton chiffon en faisant des boucles.

4. Admire-toi dans le miroir.

Coin des parents

Le tracé des boucles permet de délier le poignet et induit le geste d'écriture de gauche à droite, l'avant-bras doit être posé sur la table.

Je trace les sons « c », « l » et « ch »

- Avec ton index et ton majeur, suis le chemin des lettres et prononce le son qu'elles font.
- Ensuite, trace-les avec tes doigts, sur la table, dans l'air ou dans de la semoule.

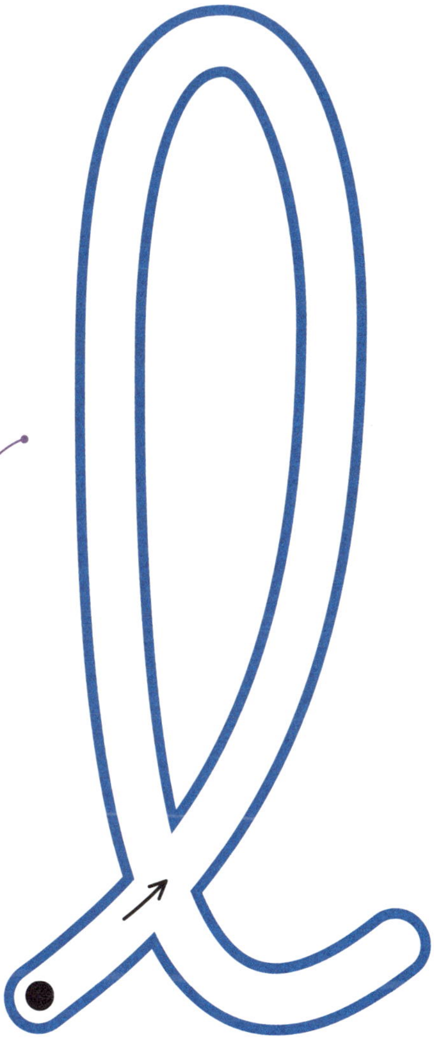

Coin des parents

Le poignet doit être souple et mobile pour permettre de grandes boucles. Vérifiez que votre enfant trace le « c » et le « h » dans un mouvement continu, sans s'arrêter, ni lever la main.

J'entends les sons « b », « j » et « n » au début des mots

- Dans chaque cercle, barre l'image dont le nom ne commence pas par le même son que les autres.

Coin des parents

À partir de cette page, il est intéressant de ne plus accentuer les sons afin de voir si votre enfant les repère seul.

J'entends les sons « n », « an » et « g » à la fin des mots

● Dans chaque cercle, barre l'image dont le nom ne finit pas par le même son que les autres.

Coin des parents
Vous pouvez prolonger l'exercice à l'oral en proposant d'autres mots à votre enfant.

Je tiens correctement mon crayon

Ton matériel

une baguette chinoise

un crayon à papier

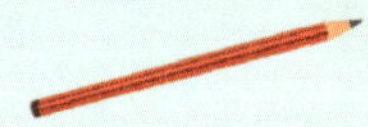

1. Place tes doigts à l'extrémité de la baguette.

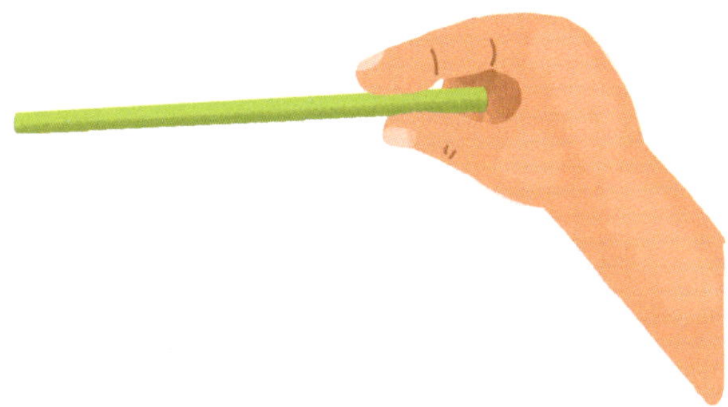

2. Déplace ton index le long de la baguette comme une chenille qui avance le long d'un bâton.

3. Déplace ton index le long de la baguette comme une chenille qui recule le long d'un bâton.

4. Recommence avec un crayon de papier.

Coin des parents

Cet exercice vous permet de vérifier que votre enfant tient correctement son crayon avant de passer à l'écriture.

Je trace des yeux

- À partir de chaque point, trace un trait vertical en repassant plusieurs fois dessus.

- À partir de chaque point, trace un trait vertical, puis tourne autour sans lever ton crayon.

- Dessine les 10 yeux supplémentaires au monstre.

Coin des parents

Veillez à ce que la main de votre enfant reste immobile, posée sur le cahier. Seuls les doigts bougent.

J'entends les sons « u », « ai » et « on » à l'intérieur des mots

- À l'intérieur de chaque mot :

– si tu entends le son **u**, colorie le dessin en **jaune** ;
– si tu entends le son **ai**, colorie le dessin en **rouge** ;
– si tu entends le son **on**, colorie le dessin en **bleu**.

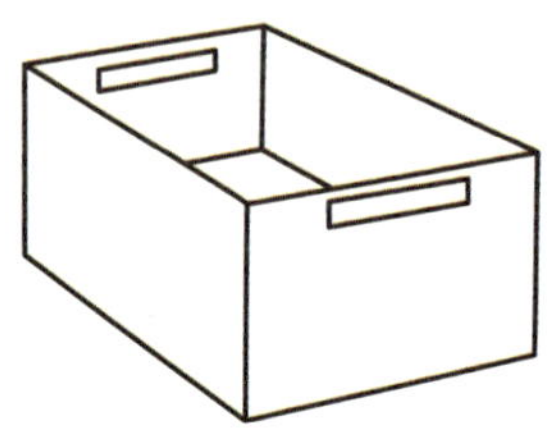
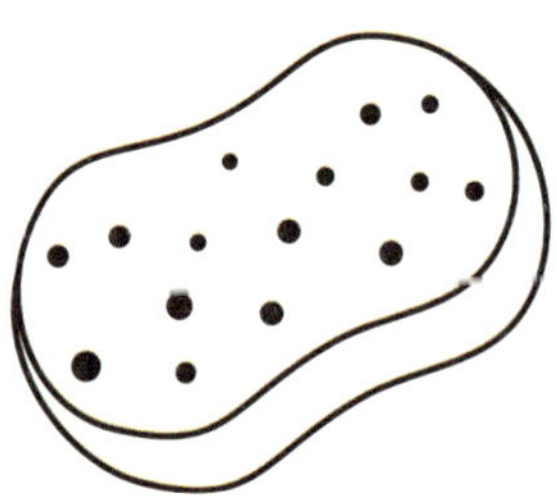

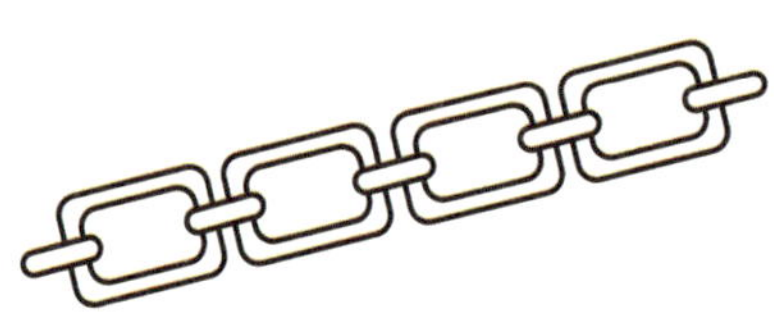

Coin des parents

Vous pouvez donner à votre enfant tous les sons d'un mot et il doit reconnaître ce mot :
« sss » + « aaa » + « ccc » = sac

page 14

page 15

robot

cheveu

table

fleur

banane

porte

cheminée

pages 40-41

a u i ou ou s

m c r r r v s s f

page 28

é u o o o é é

b v s l m t t l

page 29

page 32

l f

a a i in p an d a i r

l v p on eu r c a a n

page 33

i a a i o ou ou on

m r n p m t s p in f

a b c d e l m h i

k o r s t u v w x

p q y z f g j f n

pages 34-35

page 36

mur sac

moto vis

radio fil

lavabo pic

page 44

page 37

pages 40-41

J'entends les sons « d », « in », « e » et « z » à l'intérieur des mots

- À l'intérieur de chaque mot :
– si tu entends le son **d**, colorie le dessin en **orange** ;
– si tu entends le son **in**, colorie le dessin en **vert** ;
– si tu entends le son **e**, colorie le dessin en **violet** ;
– si tu entends le son **z**, colorie le dessin en **rose**.

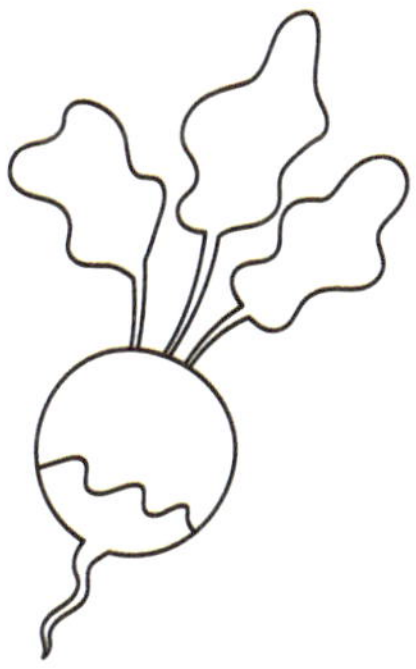
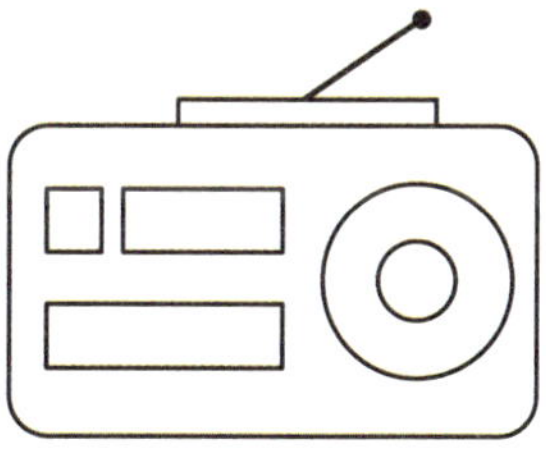

PHONOLOGIE

Coin des parents

Vous pouvez proposer à votre enfant de trouver tous les sons qui composent un mot : qu'entends-tu dans le mot « sac » ? **« sss », « aaa », « ccc ».**

La gym des doigts

- Pose ton index et ton majeur sur la table. Replie l'annulaire et l'auriculaire et serre-les avec ton pouce. Lève et repose l'index, puis le majeur.

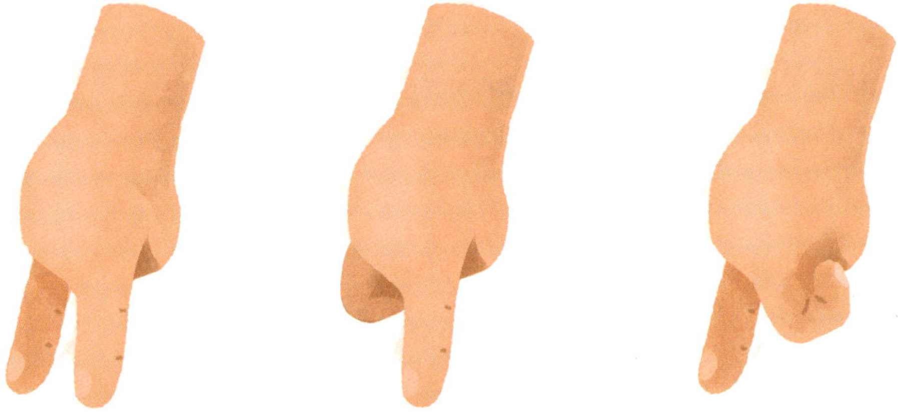

- Place tes mains, paume contre paume. Écarte et resserre chacun de tes doigts comme sur le dessin.

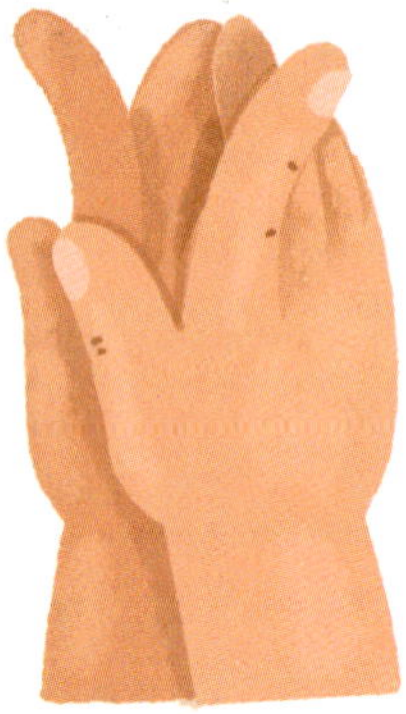

- Poings fermés, serre tes deux mains de toutes tes forces. Relâche et secoue tous tes doigts.

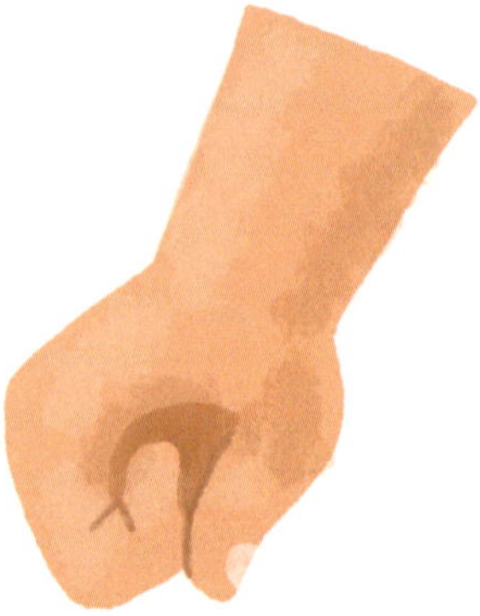

Coin des parents
Ces jeux sont importants pour dissocier chaque doigt. Ils permettent le contrôle de la main lors de l'écriture.

Je trace les sons « b », « j », « n » et « u »

● Avec ton index et ton majeur, suis le chemin de la lettre et prononce le son qu'elle fait. Puis, écris-la dans le cadre.

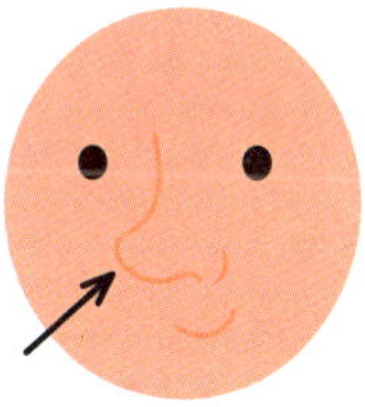

Coin des parents

Si votre enfant parvient à tracer les lettres dans la farine, vous pouvez lui proposer de les tracer sur un tableau à la craie avant de les écrire dans son cahier.

Je compose des mots (1)

- Observe les dessins et utilise tes **autocollants** pour écrire les mots.

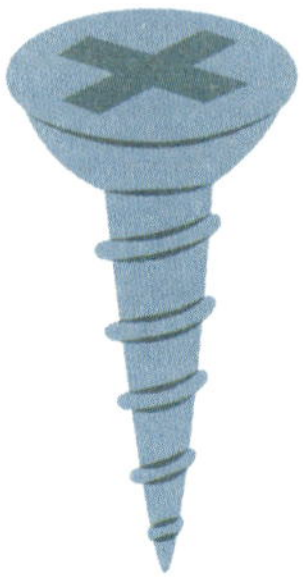

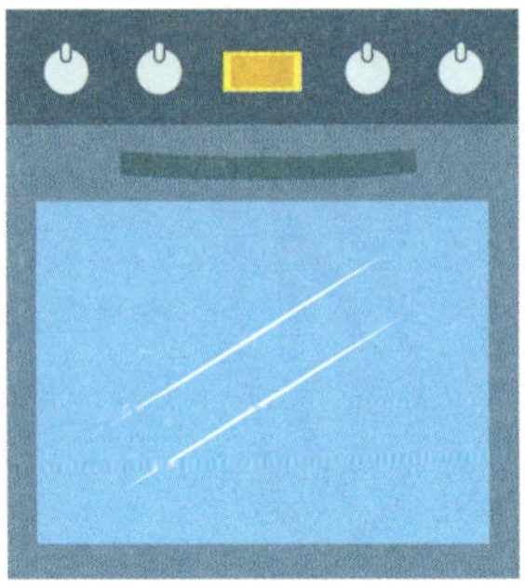

ÉCRITURE

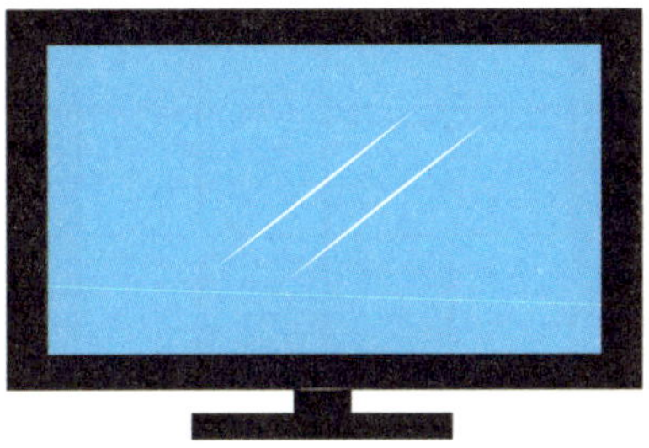

Dessine un objet et chante tous les sons de son nom !

Coin des parents
À ce stade, votre enfant n'entendra peut-être pas toutes les lettres du mot. N'insistez pas sur ce qu'il oublie, mais sur ce qu'il parvient à écrire.

Je colorie

- Colorie chaque case comme le modèle.

Coin des parents

Pour que votre enfant colorie sans laisser de blanc, il doit déplacer lentement sa main sans lever le crayon.

Je trace les sons « ai », « on », « z », « eu », « in » et « d »

● Avec ton index, suis le chemin des lettres et prononce le son qu'elles font. Puis, écris-les dans le cadre.

ai

z

on

d

eu

in

Coin des parents

Pour écrire, donnez à votre enfant un crayon à papier avec une mine grasse pour une meilleure sensation du tracé des lettres.

Je compose des mots (2)

- Observe les dessins et utilise tes **autocollants** pour écrire les mots.

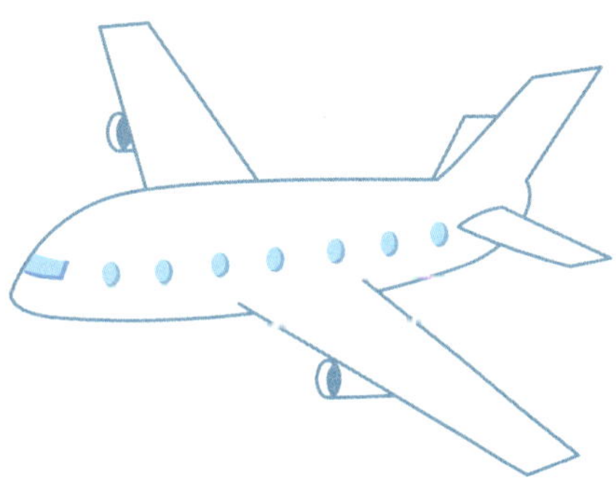

Dessine un objet et chante tous les sons de son nom !

Coin des parents

Si votre enfant écrit plusieurs mots, montrez-lui qu'il ne faut pas les coller en plaçant votre main entre eux pour matérialiser l'espace de séparation.

J'observe la taille des lettres

- Observe bien l'alphabet.

a b c d e f g h i j k l m

n o p q r s t u v w x y z

- Avec tes **autocollants**, colle toutes les lettres qui sont entre la ligne verte et la ligne violette.

- Avec tes **autocollants**, colle toutes les lettres qui montent.

- Avec tes **autocollants** , colle toutes les lettres qui descendent.

- Écris les lettres de ton choix.

ÉCRITURE

Coin des parents
Avec cette activité, votre enfant prend conscience de la variation de la hauteur des lettres. Lorsque le geste est maîtrisé, le lignage devient une aide à l'écriture.

Je lis des mots

● Avec tes **autocollants**, colle les mots sous les images correspondantes.

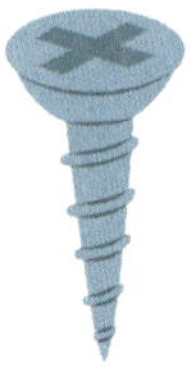

Coin des parents

Votre enfant prend conscience qu'il est capable de lire en faisant chanter les lettres qui composent le mot.

● Avec tes **autocollants** , colle les images au-desus des mots correspondants.

lapin

dindon

sapin

bouche

mouche

bonbon

zèbre

carré

Coin des parents

Écrivez un mot et proposez à votre enfant de le lire, puis de le poser sur l'objet correspondant.

J'écris des mots

● Écris les mots qui correspondent aux illustrations. Fais chanter chaque lettre, puis écris-les dans l'ordre.

Coin des parents

Si votre enfant ne se souvient plus comment tracer une lettre, montrez-lui le geste en vous aidant des activités de la page 34.

Coin des parents

Votre enfant va se concentrer sur les sons et le tracé des lettres et non sur sa position. Vérifiez qu'il est correctement installé.

LECTURE

Je joue avec les mots

Règles du jeu :

Choisis un dé et un pion.

Lance ton dé pour avancer.

Si tu tombes sur une case **bleue** : lis le mot et colle l' **autocollant** .

Si tu tombes sur une case **rouge** : écris le mot.

Si tu tombes sur une case **jaune** : chante tous les sons du mot.

Si tu tombes sur une case **verte** : colle l' **autocollant** du mot.

Si tu tombes sur une ★ : relance le dé.

Départ

diplodocus

facteur

mouffle

Arrivée

balai

gourde

mouton

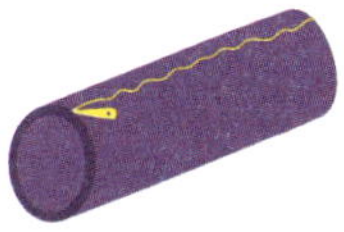

caravane

LECTURE

Je lis et je mime

• Lis les phrases et mime la situation.

Imite le chat.

Danse comme une poule.

Touche le mur.

Passe sous la table.

Tape le sol.

Écris le mot : sac.

Coin des parents
Vous pouvez écrire à votre enfant des phrases à mimer et ainsi vérifier sa compréhension.

Je lis et je comprends

• Lis les phrases et relie-les aux illustrations correspondantes.

Papa regarde la Lune. •

Maman me lit
le livre du loup. •

Papa joue du piano,
maman de la contrebasse. •

Coin des parents
Posez des questions à votre enfant pour l'aider à choisir la bonne image : « Que fait papa ? », « Qui joue de la contrebasse ? »...

Je lis des devinettes

● Lis la devinette. Avec tes **autocollants** colle l'image correspondante, puis écris le mot.

Je vis dans la savane.		
Je vole.		
Je crache.		
J'aime la rivière.		

LECTURE

Coin des parents

Cette activité ludique permettra de stimuler votre enfant pour la compréhension, il lit et doit trouver une réponse.

J'écris des devinettes

- Complète les devinettes en écrivant le mot qui convient.

Je suis toute

J'aime la

- À toi d'écrire tes devinettes !

Coin des parents
Aidez votre enfant à formuler sa devinette à l'oral avant de passer à l'écrit.

Je lis et j'agis

Coin des parents

Si votre enfant n'a pas mémorisé le son de certaines lettres, il peut se référer à l'abécédaire à la fin du cahier.

● Lis et réalise les consignes.

Colorie l'arbre.
Fais deux fenêtres.
Barre la poule.
Dessine une porte sur le mur.
Colorie la rivière.
Barre le cochon.
Lis la pancarte.
Écris le mot « chemin » sur le chemin.

Coin des parents

Progressivement, certains digrammes et lettres muettes ne sont plus mis en valeur. Votre enfant les repérera sans aide.

Mon mémo des sons

a
a
A

b
b
B

c
c
C

d
d
D

é
é
É

f
f
F

g
g
G

h
h
H

i
i
I

j
j
J

k
k
K

l
l
L

m
m
M

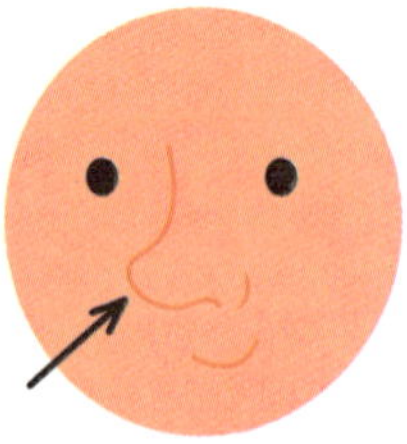
n
n
N

o
o
O

Illustrations : Virginie Chiodo, pages 6, 10, 12, 16, 18, 22, 26, 35 et couverture intérieure
Édition : Elsa Jourdan – **Conception graphique :** Josiane Sayaphoum
Mise en pages : Fabienne Le Bihan – **Fabrication :** Jean-Philippe Dore

N° projet : 10282493 – Code éditeur : 115094 – Dépôt légal : janvier 2023
Imprimé en France par Imprimerie de Champagne en janvier 2023,
imprimeur certifié IMPRIM'VERT®

MIXTE
Papier issu de sources responsables
FSC® C022030

Bordas est un éditeur qui s'engage pour la préservation de l'environnement et utilise du papier issu de forêts gérées de manière responsable et d'autres sources contrôlées.